Oana Calusa

Obsesie / Obsession

Coperta şi prepress/Cover and prepress by Leonard Vizireanu
Ilustraţie copertă/Art cover by Andreas Calusa
Ilustraţii interior/Artwork by Oana Calusa
Prefaţă/Preface by Nastasia Savin
Traducere în limba engleză/English translation by Maria Onea
and Andreas Calusa

Descrierea CIP a Bibliotecii Naţionale a României
CALUSA, OANA
Obsesie / Oana Calusa. Constanţa: Ex Ponto, 2016
ISBN: 978-606-598-521-6

821.135.1-31

ISBN: 978-606-598-521-6
© Ex Ponto 2016

Oana Calusa

Obsesie
Obsession

EX PONTO
Constanța - 2016

Cuprins / Contents

Copiilor mei iubiți:
Henry, Andreas și Maria

To my beloved children:
Henry, Andreas and Maria

*Nu îl vei înțelege cu adevărat pe celălalt,
atâta vreme cât nu te cunoști pe tine.*

*You'll never truly understand someone since
you'll never fully understand yourself.*

Obsesie

Echilibru şi armonie

Volumul de poezii „Obsesie" se găseşte sub semnul unei puternice descătuşări de energii actualizate în jurul unor idei precum lupta vieţii cu moartea, Erosul şi lumina.

Construcţia poetică a volumului este una echilibrată şi armonizată, exprimând o permanentă căutare a sinelui printre lumile artistice, dar şi regăsirea în propria creaţie. Versurile sunt autentice, de o intensă trăire emoţională, acestea reprezentând un discurs pur interior, metafora fiind liantul tuturor nucleelor semantice: M-am născut într-o duminică,/ de aceea petrec mereu duminca./ Am invitat la masă şi pisicile mele. (Abreviere).

Interesant este modul în care identificăm în lirica scriitoarei elemente blagiene metamorfozate în şi prin gândire – trăire – temporalitate: Singurătatea ţipătului tău/ mă face să plâng,/ dă aripi suferinţei mele/ şi mă coboară/ în mine/ cu tine/ de mână. (Linişte).

Exerciţiul ludic, ironia şi parodicul transformă aşteptarea într-o artă a timpului tot mai nemilos, evidenţiind ideea că există un ceas anume pentru fiecare lucru: Alerga în cerc/ fără ţintă,/ spre nicăieri, către infinit./ Învăţa să respire,/ exersa uitarea/ şi plângea râzând.(Gând).

Caracterul conflictual al naturii interioare devine un univers absurd, o fiinţă ce caută să îşi descopere sensul fiind bântuită de starea de bine a naturii de tip blagian. În aşteptarea şi prefigurarea acestei stări, autoarea impune adâncimea sufletului, vizează fiinţa interioară, cea care îşi află dimensiunile în cercurile concentrice suprapuse ce se intersectează în ontologic şi pentru că – Mi-am închis ceasul la mână invers şi nu mi-am dat seama./ Încercam să privesc acele, care fugeau în toate părţile/ şi credeam că timpul a înnebunit de tot. (Triunghi) – textul liric devenind o simfonie filosofică a neantului.

Se remarcă un anumit histrionism al eului liric. Acesta este unul jucat, chiar scindat, la un moment dat, în interiorul unui labirint care reprezintă o metaforă a rătăcirii întru regăsire, un tablou mitologic al eului aflat într-o perpetuă căutare.

Întrebările, mai mult sau mai puțin retorice, oferă un indiciu al ieșirii din labirint, eliberare care are loc prin anamneză, prin apel la ceea ce a fost, la Viață: Vreau să ies, acum!/ Am uitat ce voiam să zic.../ Unde sunt? Cu cine?/Doar eu,/ cu mine,/ în cutia de carton. (Cutia).

Sensibilitatea creatoare a autoarei transfigurează artistic trăirea în spațiul poetic, evadarea din real într-un (i)real creionat pe baza penelului.

Nastasia Savin

Cactus înflorit

Aripi de înger peste sufletul de fier
părăsit în şanţul adânc al visului pierdut.
Lacrimi de sânge pe obrazul Fecioarei,
picături de rouă peste macii verzi.
Ţepii limbii aspre înfipţi în trupul fraged,
picioarele goale ating ţărâna uşoară.
Plăcerile carnale se ridcă la cer.

Abreviere

M-am născut într-o duminică,
de aceea petrec mereu duminca.
Am invitat la masă și pisicile mele.
Pe scurt,
ne-am ospătat cu vin roșu din podgoria mea
și am primit în dar accente pozitive.
De fapt,
chiar mieunatul apăsător
mi-a desfundat urechea dreaptă,
nu mai auzeam deloc,
devenisem surdă.
Au trecut și rândunelele,
să bea apă.
Le-au fugărit pisicile
până le-au gonit departe.
Eu am rămas la masă,
cu paharul de vin

în mâna stângă
şi cu ochii aţintiţi în carpenul portocaliu.
Mi-am amintit că am uitat
cine mi-a cântat la mulţi ani
anul trecut.
Nici nu vreau să ştiu.
Mai mult decât
te cunosc pe tine
nu vreau să ştiu pe altcineva.
Îmi place enorm muzica pe care o cânţi
la pianul alb din grădină.

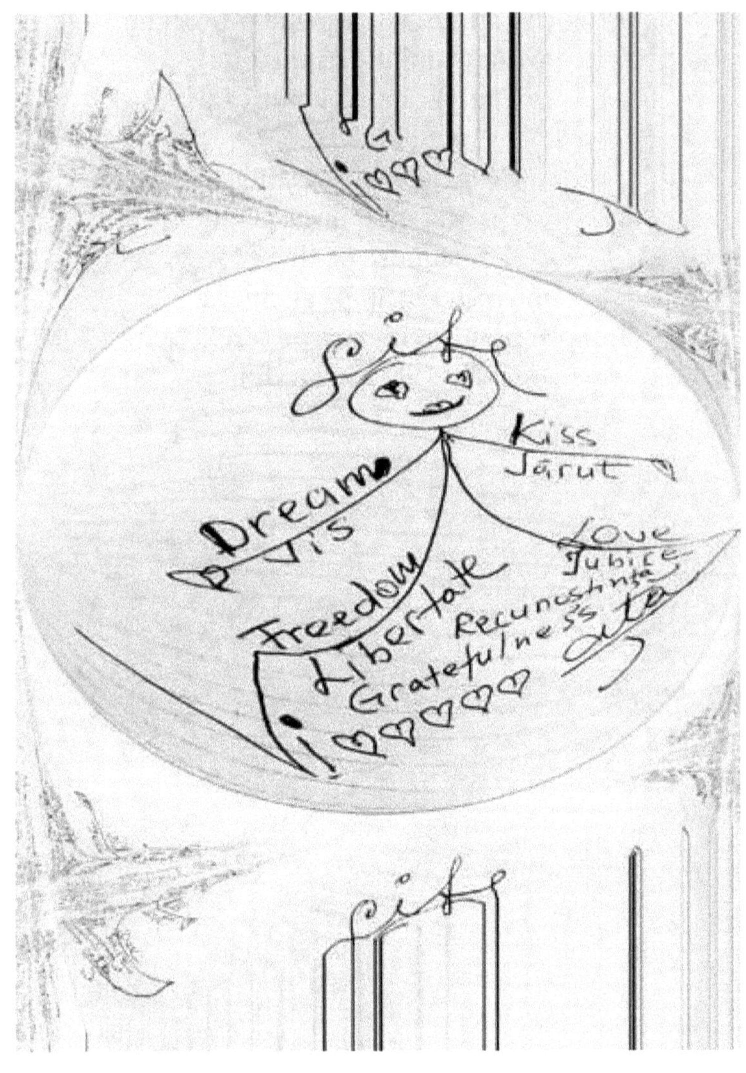
Life
Kiss
Sărut
Dream
Vis
Love
Jubire
Freedom
Libertate
Recunoshinta
Gratefulness
Life
Life

Anao

Citesc şi scriu invers
de când m-ai desenat cu capul in jos.
Mi-a coborât inima la picioarele tale,
m-am închinat şi ţi-am sărutat tălpile.
Tu m-ai privit cu susul în jos
şi te-ai îndrăgostit de numele meu.

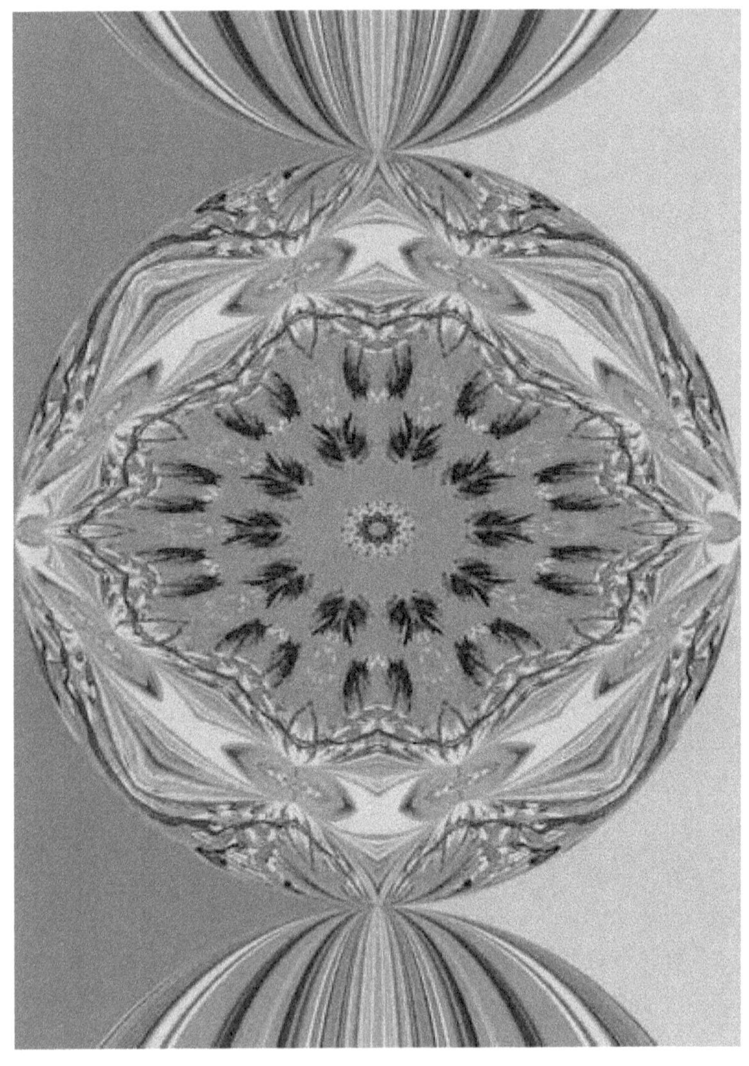

Amăgire

Mi-am amintit că mă rugasei
să te trezesc
atunci când vine ploaia…
Te-ai despărţit de soare
şi vrei să îi faci rău,
să îl confrunţi cu tunete
şi trăsnete
şi să-l îngropi în ţărâna udă.
Hai, acum e momentul…
Luptă-te !

Depărtare

Inima ta a sărăcit brusc.
S-a înstrăinat
şi mă doare.
Cerşeşte la colţ de drum,
în frig...
Poartă haine ponosite
şi nu vorbeşte cu nimeni.
Plânge.
A obosit
şi ar vrea să se odihnească
puţin.
A adormit pe catafalc
şi are coşmaruri.
Înveleşte-ţi inima
cu iubirea mea.

Cutia

Scoate-mă din cutia de carton,
nu mai pot respira,
inima s-a invineţit,
îmi curge sânge din vene,
iar medicul nu vrea
să mă trateze.
Scoate-mă din cutia de carton,
m-am plictisit de mine
şi vreau să ies.
Am obosit aici.
Scoate-mă din cutia de carton,
plouă infernal
şi îmi topeşte gândurile.
Scoate-mă din cutia de carton,
mi-a căzut părul
şi mi s-au cariat dinţii.
Vreau să ies, acum!

Am uitat ce voiam să zic...
Unde sunt? Cu cine?
Doar eu,
cu mine,
în cutia de carton.

De-ar fi

De-ar fi să-ţi mulţumesc,
aş chema vântul
să-mi împrăştie visurile,
să-mi gonească dorul,
să mă facă văzduh,
pe tine, pasăre...
De-ar fi...
te-aş face zâmbet,
pe buzele dulci,
cu miros de nuci verzi
şi gust de toamnă târzie.
De-ar fi,
m-aş fermeca în apă,
să-ţi potolesc setea,
să mă înghiţi deodată.
De-ar fi...
Aer să-ţi fiu,

să mă respiri,
să-ţi mulţumesc ieri
că exişti mâine...

Dialog

- Mi-aş dori să te văd mai des,
să te ţin de mână
şi să îţi vorbesc.
De ce nu vii?
Unde-ai fost ieri, când te-am strigat?
- Am adormit şi am uitat
să mă trezesc...
- Şi azi, unde ai fost?
- La o cafea,
dar nu te-am auzit...
- Erai departe, ştiu...
- Aşa crezi tu?
Nu prea departe,
chiar prin împrejurimi,
dar fără chef.
Aşa că, dragă Inimă,

te rog,
nu te mai supăra!
- Glumeşti?
- Nu, chiar deloc.
Hai, nu mai sta în picioare,
ia un loc.
- M-aşez acum,
doar pentru o secundă,
că îmi eşti dragă,
dar te simt plăpândă.
- Ce te nemulţumeşte, fato?
Că nu te chem?
Că nu te vreau?
Aşa sunt eu,
sunt moale
şi nătângă.
Mă plictiseşti,
Inimă dragă,
că eşti cicălitoare
şi-aş vrea să-ţi zic vreo două,
şi-apoi s-o iau la fugă.
- De ce să pleci?
De cine te ascunzi?
Hai, stai cu mine,
să mai povestim...!
Ca-n vremurile bune
când nu uitai să îmi vorbeşti,

când îmi zâmbeai,
atunci când îţi spuneam:
„Să-ţi aminteşti
să te iubeşti!”

Balans

Mi-ai aşezat coroană de spini
peste vârful inimii.
Mângâierea s-a făcut scut,
privirea-sărut
înfipt în ţepii ascuţiţi.

Dimineața îngerilor

Gândim atât de diferit,
dar simțim aproape la fel.
Undeva, cândva, într-o bună zi,
vom fi vrut să fim
cum suntem astăzi.
Și asta nu e mâna destinului,
e puterea dragostei.

Ca oameni,
suntem pierduți în locuri întunecoase,
supuși degradării,
fragili și ușor de răpus.
Când suntem răniți,
aproape dezintegrați,
simțim lumina în noi.

Festin

Mi-am invitat toţi prietenii
să îmi sărbătoresc moartea.
Nu au venit chiar toţi.
Doar cei ce mă urau,
mă huleau şi mă batjocoreau.
Au plâns de bucurie şi s-au înfruptat din coliva făcută
de mama.
Mi-au cântat
şi au dansat pe mormântul meu.
L-au alungat pe preot şi au dărâmat crucea.
Dumnezeu i-a vazut.
Mai târziu, au crescut buruieni în sufletele lor.
M-am întristat.

Frică

Nu mă sperie că îmi cutreieri prin gânduri,
dar mă înspăimânt
că ai putea pune stăpânire pe mine.
Atunci, aproape totul ar arde,
transformându-se în cenușă.
Gândurile rătăcite
îmi vor rămâne aproape de inimă.
Și cât curaj să te afunzi în amintirile dureroase!
Ele te ajung din urmă
și te urmăresc, aproape cu fiecare gând.
Înveți să te pierzi
și uiți
să cauți lumina
spre sufletul tău.

Gând

Alerga în cerc
fără ţintă,
spre nicăieri, către nesfârşit.
Învăţa să respire,
exersa uitarea
şi plângea râzând.
Savura durerea muşchilor zdrobiţi.
Ploua mărunt în el,
spre Sine şi în jos.
Doar păsările negre,
cu aripi de fier
mai brăzdau văzduhul
sugrumat de plumb.
Se deschidea cerul minţii lui înguste
dinaintea-i hăului inimii-i robuste.
Lanţul tot mai strâns
împingea păcatul

spre tăcerea aspră a buzelor lui.
Şoapte înşelătoare îi fluturau părul.
Ochii săi albaştri vorbeau fără noimă:
Nu uita că eu cândva te-am rănit.
Te-am zdrobit sub ploaia unor gloanţe albe,
te-am chemat în luptă
sub pătura morţii,
pentru ca apoi să te dezvelesc.
Să te privesc goală
şi să îţi gust carnea,
să îţi spun minciuni cu aromă dulce,
să încep o poveste fără de sfârşit.
Iubeşte-te astăzi, cum te-am iubit mâine.
Nu uita iubito, că tu m-ai rănit!

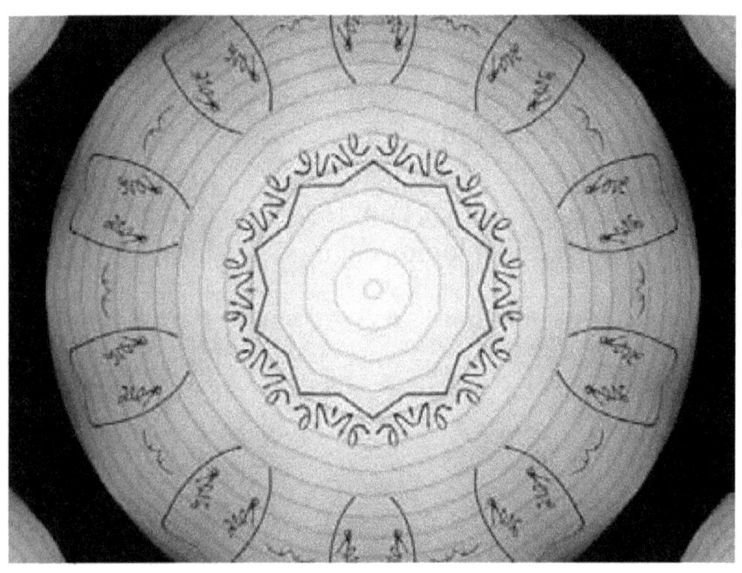

Gust

Bucătăreala prin viață,
dragostea cu care mesteci în mâncare,
mă atrage...
Am răvășit etichetele
borcanelor cu mirodenii.
M-am încurcat și nu mai știu
unde e sarea.
Zahăr nu folosesc.
Mi-am găsit fericirea
în bucătăria vieții tale.
Ce ingredient fantastic!
Dar care viață?

Gol

Cuvintele sunt prea sărace
să exprime ce înseamnă lacrimile.
Plângând în ploaie,
simţi cum lacrimile
nu se vor usca
vreodată.
Şi doare…
Dar ce poveste frumoasă,
nesfârşită,
nerostită!

Ieri

Am aruncat la coş
cele mai adânci şi întunecate
dorinţe ale mele.
Tu le-ai cules
şi ţi-ai făcut gând
de pus pe suflet.

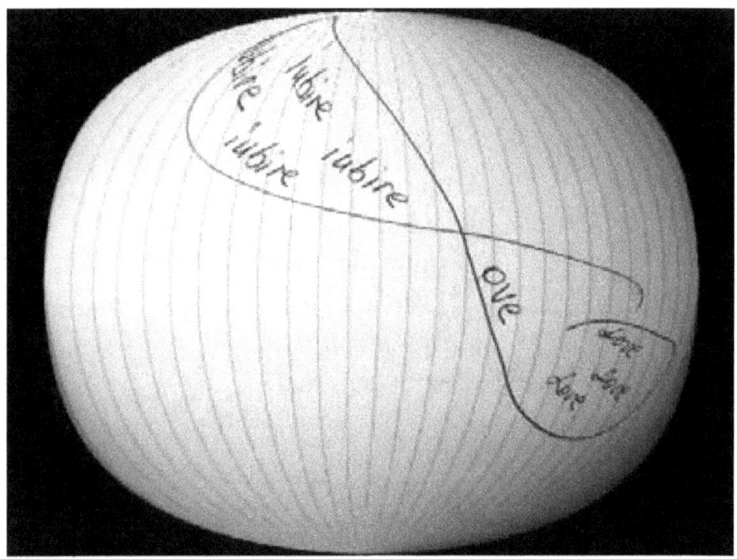
Iubire
iubire
iubire
iubire
ove

Infinit

Un veac îmi pare mângâierea ta
și clipă îmi pare...
Lumina se revarsă
în inima mea,
la ceas de taină,
într-o seară când noi
ne iubeam pe ascuns
sub caişii în floare.

Mandala

Iadul devine rai pentru o zi,
viaţa mi-ai transformat-o în calvar.
Măcar mă îngropi în cerul albastru
al inimii tale !
Totul e altfel,
dar nimic nu s-a schimbat.
Aş mai vrea să ştiu
dacă vreodată tu te-ai pierdut
în ochii mei,
aşa cum eu mă rătăceam în ai tăi.

Înstrăinare

A ieşit o scoică
din inima mea
şi ţi-am făcut-o
gând
de
iubire.

Întâmplare

Ţi-e sufletul o întâmplare
a vieţii mele
înainte de a te cunoaşte.
Sublim mister
al dulcelui abrupt,
prescris dintotdeauna,
ferecat în apa care curge,
înecat în focul inimii.

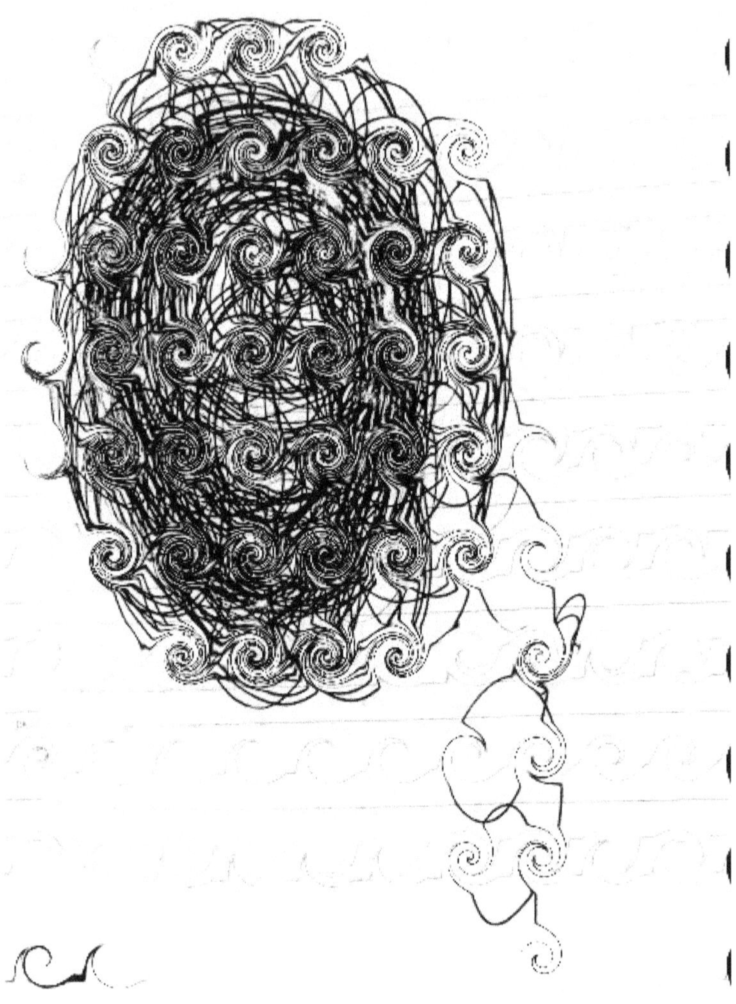

Liniște

Singurătatea țipătului tău
mă face să plâng,
dă aripi suferinței mele
și mă coboară
în mine
cu tine
de mână.

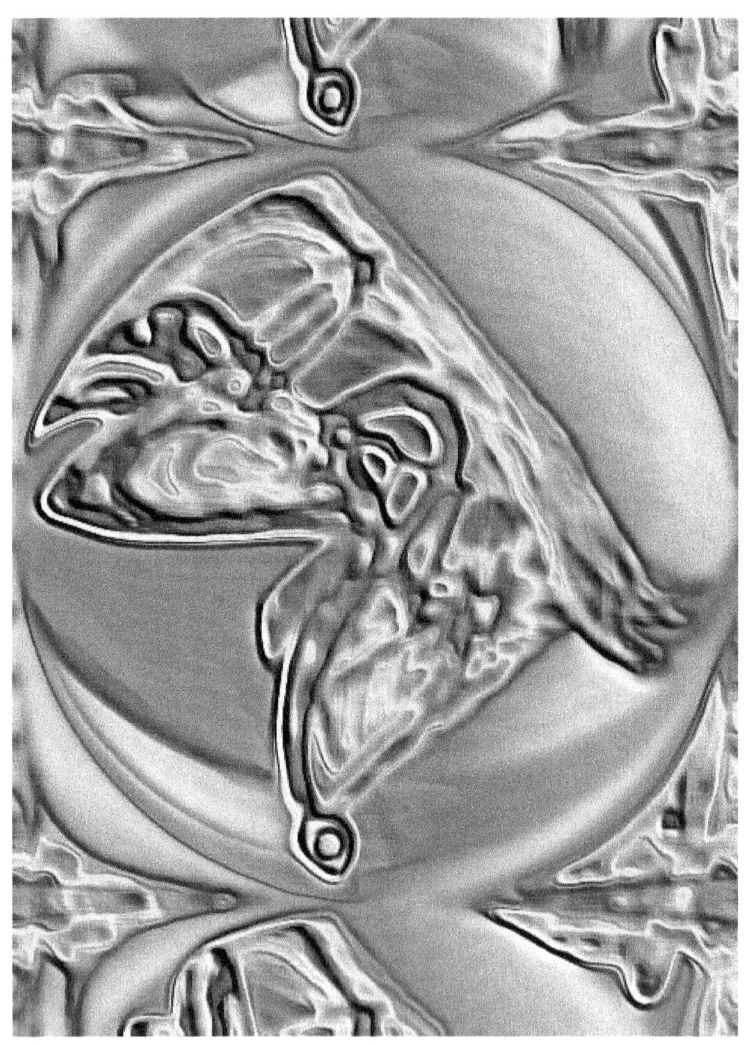

Metamorfoză

Când ochii nu vorbesc
și inima tace.
M-ai cuprins în braţe
și au crescut trandafiri
în sufletul meu.
Ploaia lacrimilor tale
i-a udat.
Mi-au năpădit trupul
și mi-au înţepat inima.
Plânsul tău mă ucide.
Cruţă-mă, iubito!

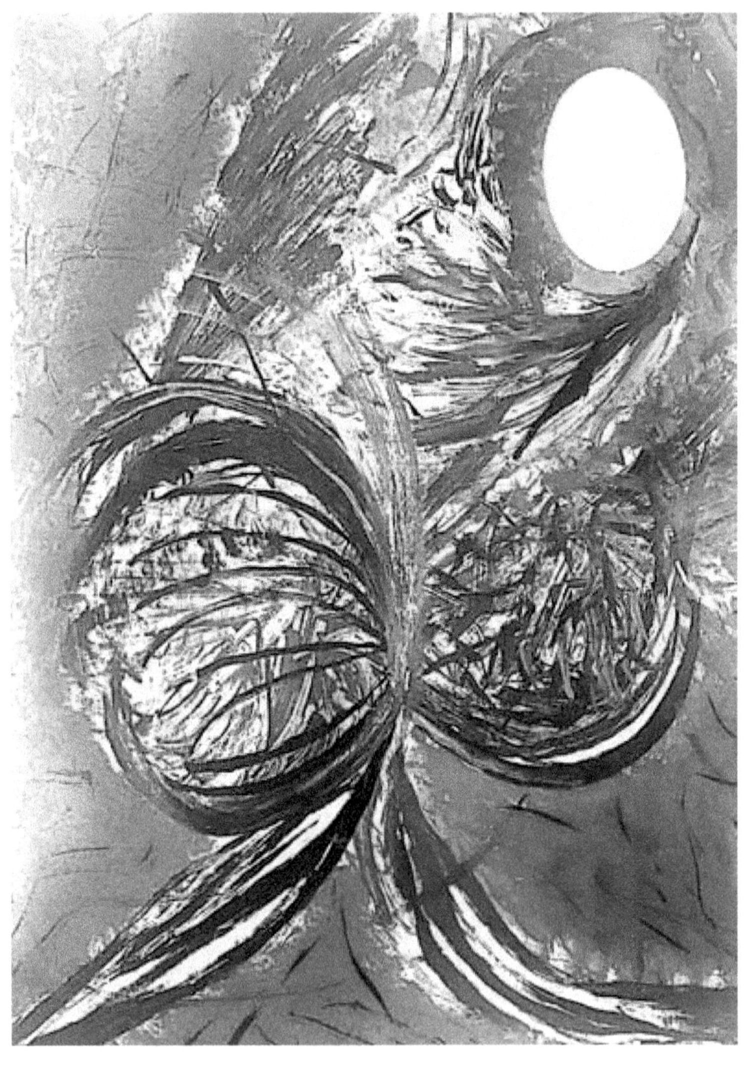

Pasărea Phoenix

Când te simţi pierdut,
întoarce-te în adâncul sufletului tău,
străbate deşertul fiinţei tale
şi gândeşte-te bine.
Decide dacă apa-salvarea ta e aproape
sau
Fata Morgana te ademeneşte,
vrea
să îţi ratezi călătoria vieţii.

Multiplu de 5

Crucea răsucită
de 5 ori,
în
sfânta noapte de Crăciun.
Sângele scurs
de 5 ori
în
25.
Numai eu,
amețită,
în
5
ipostaze
pierdute
de 5 ori,
într-o singură noapte.
Doar

5
vieți regăsite
în
5X5
Decembrie
în
al cincilea
Crăciun.

Mandragora

Primeşte-mi sângele
să-ţi curgă prin vene
şi respiraţia-mi să-ţi fie
cuvânt.
Limba ta,
instrument al plăcerii
sufletului chinuit
de spiritele nopţii,
îmi linge rănile.
Visul meu,
încrucişat cu al tău,
spurcat de vrăjitoare.
Mă cobor în tine,
alunec.

Sferă

Când totul ți-e potrivnic,
găsești o lume nouă,
fără să bănuiești nicio secundă
că cineva e acolo,
pentru tine.
Te simt inamicul meu,
mai mult decât m-aş lupta contra curentului.
Îmi doresc să-mi înving teama,
dorința se transformă în frică.
Curajul ia forma cuvâtului,
nimic altceva…
Ne naştem din iubire, speranţă,
dar murim sceptici şi ignoranţi.

Multivers

Iubirea e-n tot
și în toate.
Așa mi-ai spus
când am colindat
prin sufletul tău.
Am hoinărit amândoi
prin cer și mare,
spre noi.

Obsesie

Alunecând în abisul timpului,
nu-mi pare rău
că-mbătrânesc.
Mă ține tânără dragostea ta.
Vârsta e doar o cifră
într-un ocean de numere
amestecate la întâmplare,
ordonate apoi de mintea bolnavă
a unui demon
ce a fost cândva înger.

Posesie

Minte-mă azi
că mă vei iubi mâine.
Întreabă-mă despre cum te-am dorit
în nopţile de lut,
înainte de a mă fi născut.
Sărută-mi neputinţa
de a te avea.

Suflet

O față plânge
și alta râde…
Dă-ți masca jos!

Vreau

Ne afundăm mai degrabă în visuri
decât în lumesc,
amăgindu-ne că imaginaţia noastră
nu va da greş
vreodată.
Şi asta face ca totul să pară veridic…
Vreau să pot să mă dezic
de frumuseţea durerii permanetizate,
dar fără să îmi privesc suferinţa în ochi,
în timp ce pielea mi se topeşte.
Vreau să mă eliberez de durere,
dar fără ca lanţurile ruginite
să-mi rupă oasele.
Vreau să-mi accept neputinţa,
dar fără să gust amarul.
Vreau să fiu altfel
şi vreau să fiu eu,

dar fără a mă schimba.
Îmi accept năruirea,
am ales să vreau.

Speranță

Când pierzi aproape totul
nu este așa de important.
Ceea ce contează cu adevărat
este ceea ce ți-a rămas.
Tu ai nevoie doar de tine
ca să îți îndeplinești visurile.

Trăire

Mi-ai prins vara în păr
şi marea în suflet.
Aripi de zmeu,
pe umerii mei.
Ţi-am dat în schimb cerul,
unit cu nisipul...
Eu.

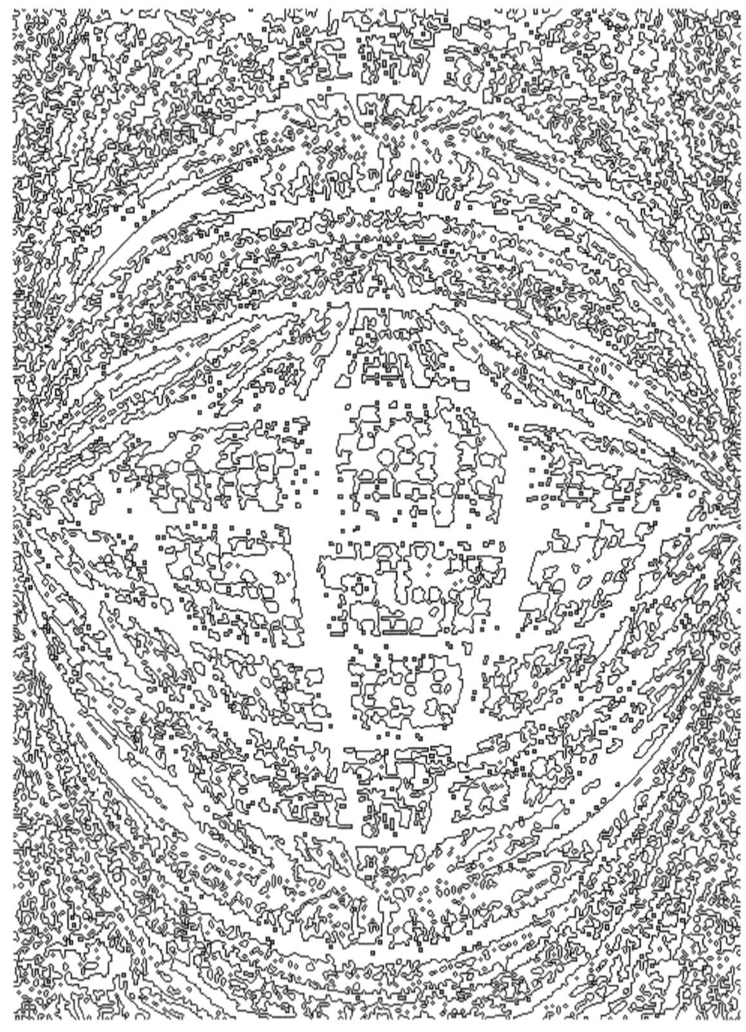

Zid

Zâmbetul pierdut
şi tăcerea ta adâncă
m-au făcut să înţeleg
că nu a fost să fie.
Am învăţat că nimic
durează veşnic,
doar durerii îi trebuie o eternitate
să se vindece.
De la tine ştiu să zâmbesc,
să-mi înving tristeţea.
M-ai învăţat atât de multe…
Dar mai presus de toate,
m-ai învăţat
cum să nu uit
povestea noastră.

Triunghi

Mi-am închis ceasul la mână invers
și nu mi-am dat seama.
Încercam să privesc acele,
care fugeau în toate părțile
și credeam că timpul a înnebunit de tot.
Mă simțeam strâmbă,
parcă ochii priveau cruciș,
iar părul se electriza în toate părțile.
Vedeam lumea cu capul în jos,
așa cum mă așezase pictorul,
când m-a proiectat pe pereții casei.
Îmi plăcea,
dar m-am plictisit prea repede,
nu am mai avut răbdare
să termine de desenat
și am plecat.
M-am privit în oglindă

şi m-am văzut albastră,
cu părul roşu,
ochii verzi şi privirea mov.
M-a cuprins vraja mării
pe care o văd mereu
de la fereastra casei.
Uneori este supărată pe mine
şi priveşte în direcţia opusă,
nu vrea să se uite înspre noi
deloc.
Simt că mă urăşte.
Ah, de aş putea
să te înduplec!
Măcar pe tine
să te pot îndupleca...
Şi aşa oamenii mai toţi nu mă plac,
pentru că nu sunt pe gustul lor.
Nu sunt!
Foarte singură
şi sigură pe mine,
de aia nu mă plac,
pentru că vor,
dar nu pot...
Chiar nu-mi mai pasă
de tot şi de nimic!
Privesc ceasul de la mână
şi simt pulsul inimii tale.
E tot acolo,
invers.

Trecători prin viață

In memoriam M.B.

Noi oamenii un legământ de-om face
să râdem când ne ducem,
să plângem când ne naştem,
să ne iubim atât
cât Dumnezeu ne-o cere,
să nu ne pizmuim…
atunci, noi,
trecători prin viață,
vom scăpa de durere.

Aş vrea să râd
şi să-ţi pot spune adio.
Ştiu că drumul tău e spre lumină,
iar lumescul întunecat
nu-ţi mai apasă sufletul de copil.
Dar plâng
şi-ţi spun că o să-mi fie dor...

Dragă toamnă

Aş vrea să-ţi mulţumesc,
dragă toamnă.
Pentru frunzele tale,
covor sub paşii mei
nerecunoscători.
Pentru ploile calde,
mângâieri ale cerului
şi pentru rodul dragostei...
Acum eu sunt
pentru că tu m-ai chemat
şi m-ai primit
în sânul vieţii tale
arămii.
A patruzecea toamnă
cu gust de vară...
Îţi mulţumesc,
draga mea toamnă
şi te iubesc!

Obsession

Balance and Harmony

The poetry volume "Obsession" develops the ideology of influential vibrations around certain concepts such as the fight between life and death and Eros and the light.

The poetic structure used by the poet in the volume is one of balance and harmony, expressing an on-going lust for knowledge of oneself through the use of her word choice, but also her self-awareness throughout her poetic existence. The verses are authentic, clearly exuding emotions which have been lived through by the poet, representing a battle within herself, the metaphor chains all the centres of focus within the poems: I was born on a Sunday,/ Sundays have become ever-celebrated for me./ I invited my cats to the table. (Abbreviation).

The way in which the poet structures her poems draws the attention of her readers towards a philosophical sense of life, space and thought sharing common elements with the poems of Lucian Blaga: The loneliness of your scream/ makes me cry./ It grows my sorrows wings/ and pulls me down/ into myself/ with you/ with our hands intertwined. (Silence).

The passage through time is highlighted by a play on words, irony and parody stressing the fact that there is an internal clockwork within us all, transforming our wait into an art of ruthless time: Running in circles/ without aim/ to nowhere, towards infinity./ Learning to breathe/ practicing forgetfulness/ and crying whilst laughing. (Thought).

The conflicting nature within us becomes an absurd universe, a being who seeks to discover its sense, influenced by a state of wellbeing similar to the nature of Blaga's poetry.

The lyrical text becomes a philosophical symphony of nothingness and the poet explores her inner self seeking for her soul, which finds dimensions in concentric circles overlaying one another which intersect in an ontological manner: I tied the watch on my wrist the wrong way around and I did not realise./ I was trying to look at the clock's hands, which were running in all directions,/ and I thought that time had lost it completely. (Triangle).

The inner being is in a continuous search in order to rediscover itself, in the inside of a labyrinth, representing a metaphor of being lost through discovery.

The questions, more or less rhetorical, offer the way out of the labyrinth, release which takes place through anamnesis, flashbacks from what came before from Life: I want to exit now!/ I forgot what I wanted to say…/ Where am I?/ Who with?/ Just me,/ myself and I,/ inside the cardboard box. (The Box).

The creative sensibility of the author artistically displays thriving within the poetic space, escaping from reality into a surreal space created on the basis of a stroke of the pen.

Nastasia Savin

Cactus in Bloom

Wings of an angel, over a steel soul
abandoned in the deep moat of a long lost dream.
Tears of blood running down the cheeks of Our Holy
Mother
dew drops over the green poppies.
Sharp thorn-coated tongue stabbed into the tender
flesh,
bear-foot, touching the drifting dust.
Sensual pleasures become absolute.

Abbreviation

I was born on a Sunday,
Sundays have become ever-celebrated for me.
I invited my cats to the table.
It was brisk,
we over-indulged in red wine from my vine yard
being wished all the best, for the
time being.
In truth,
the strident meowing unclogged my aching right ear
my hearing had completely disappeared.
I had become deaf.
The swallows passed overhead,
cutting through the greying skies
in search of water.
They were chased by the cats,
into extinction.
Having flown far, far away.

I remained seated at the table,
holding the glass of red in my
left hand.
My eyes gawking at the orange hornbeam
in the corner
I recalled having forgotten those who sang happy
birthday
to me
over the passing years.
I don't care to remember.
rather than knowing anybody else,
I know you.
I don't care to know anybody else.
I was infatuated by the music you played
on the white piano in the garden.

Life
Kiss
Sarut
Dream
Vis
Love
Jubire
Freedom
Libertate
Recunoshinta
Gratefulness
Life

Anao

I read and write backwards
ever since you drew me looking down.
My heart dropped to your knees,
I did my prayer and kissed your soles.
You looked at me backwards
and fell in love with my name.

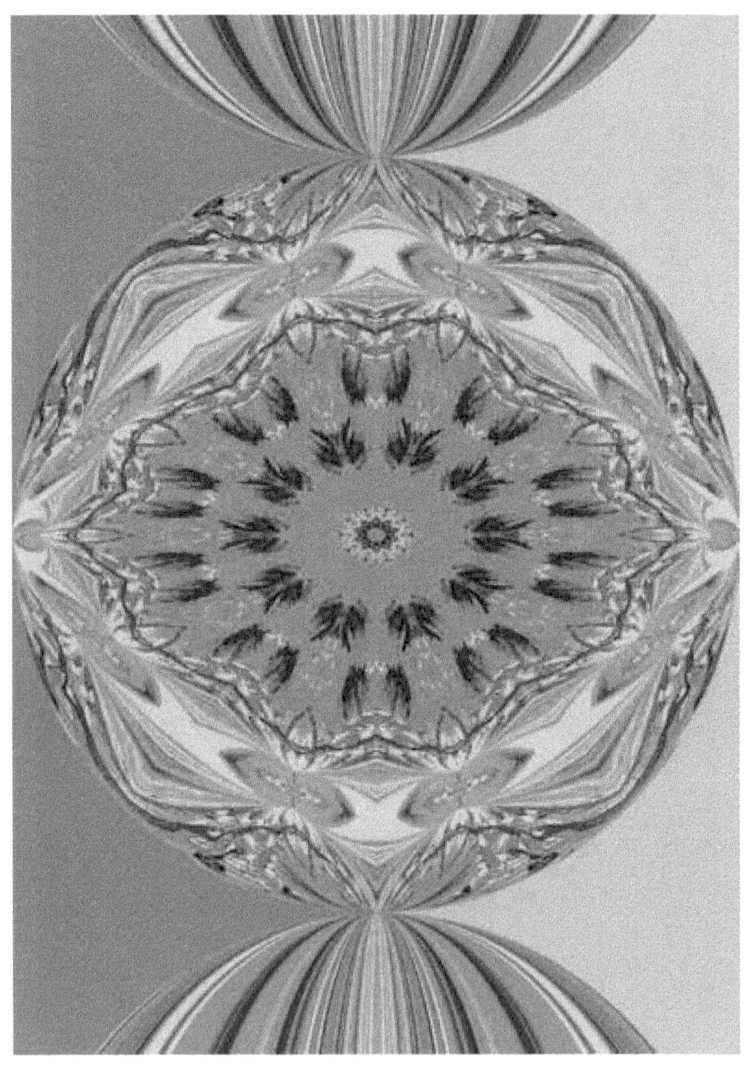

Delusional

I remember you imploring me
to wake you up
when the rain comes.
You parted ways with the sun and now
you want to cause him harm,
confronting him with thunder
and lightning,
to bury him in the damp soil.
Now, this is your chance ...
Fight!

Far Away

Your heart's in poverty.
She became a stranger
and it hurts me.
She begs on the streets,
during cold days...
She wears ragged clothes
and doesn't speak to anyone.
She cries.
She's tired
and wants to rest for longer.
She fell asleep on the bier
and she's having nightmares.
Cover your heart
with the love I'll give you.

The Box

Take me out of the cardboard box,
I can no longer breath,
my heart has bruised,
my veins bleed,
and the doctor doesn't want
to heal me.
Take me out of the cardboard box,
I became bored of myself
and I want to exit.
I'm tired here.
Take me out of the cardboard box,
it rains infernally
and it melts my thoughts.
Take me out of the cardboard box,
my hair has fallen
and my teeth have decayed.
I want to exit, now!

I forgot what I wanted to say...
Where am I? Who with?
Just me,
myself and I,
inside the cardboard box.

If Only

If only I thanked you,
I would call the wind
to spread my dreams,
to cast away my hopes,
making me a paradise,
and you a bird.
If only...
I would give you a kiss,
on sweet lips,
smelling of unripened walnuts
and tasting of late autumn.
If only,
I could become a river,
a source of fresh water to satisfy your thirst,
swallow me whole, and drink me.
If only…
I could become your sky,

a source of oxygen,
a source of life,
you could breathe me deeply.
Always to thank you,
for simply
being ...

Dialogue

- I'd wish to see you more often,
to hold your hand
and talk to you.
Why wouldn't you come?
Where were you yesterday, when I called you?
- I fell asleep and I forgot
to wake up...
- And where were you, today?
- At a cafe
but I didn't hear you...
- You were far away, I know...
- Is that what you think?
Not that far gone,
actually was nearby,
but I was bored.

So, my love,
please,
don't be upset!
- Are you kidding?
- No, not at all,
come, don't keep on standing,
have a seat.
- I'll do it now,
just for a second, because I like you,
but I see you're feeble.
- What upsets you, woman?
That I do not call you?
That I do not want you?
I'm soft
and silly.
You're boring me
because you are irritating.
And I'd want to tell something,
then run away from you.
- Why would you leave?
Who are you hiding from?
Come, stay with me,
so we can speak…!
Just like the old times,
when you wouldn't forget talking to me,

when you would smile at me,
When you would tell me:
"Always remember
to love yourself!"

Balance

You put a crown of spikes
upon the crest of my heart.
Your touch became a shield.
Your gaze-a kiss
buried in sharp needles.

The Morning of Angels

Our minds work in strange ways,
but I can sense a connection between the two of us.
Someway, somewhere, someday we were meant to be
what we are today,
not because of faith,
but because of love.

To be human is to be lost in dark places,
to be human is to be consoled with dishonesty.
To be human is to be broken,
and being broken feels closer to the light.

Celebration

I have invited all of my friends
to celebrate my death.
Not all of them attended.
Just those who hated me,
spoke badly of me and mocked me.
They cried of happiness
and greedily devoured my coliva,
made by my own mother's hands.
They sang together
whilst dancing on my grave.
They dismissed the priest,
knocking over the cross.
God saw them.
Later on, their souls were covered in weeds.
I became saddened by it all.

Fear

I'm not scared to let you enter my thoughts,
but I do fear you might be able to control them
and take over.
And when you will,
all the pages will burn and turn to ashes.
Those remains might become a lost thought along the
rest,
but they will never fade away from my heart.
It takes courage trying to conquer your darkest
memories.
As they come closer to reality with every thought.
You learn to get lost and forget about finding the light
back home.

Thought

Running in circles,
without aim,
to nowhere, towards infinity.
Learning to breathe,
practicing forgetfulness
and crying whilst laughing.
Savouring the agony of his ripping muscles.
Lightly raining upon his heart.
Deep down inside and further.
Only the black birds
with their wings of steel
joined the battle of the dark horizon.
The sky of his narrow mindedness began to broaden
right before the hole of his heart closed.
The chain getting tighter,
pushing the sin
towards the bittersweet silence of his lips,

deceiving whispers playing with his hair.
His blue eyes spoke without meaning:
Do not forget the day I hurt you.
I crushed you under the rain of white bullets.
I asked you to join my battle
under the blanket of death,
so I could then uncover you.
To watch you naked,
to taste your flesh,
to tell you sweet lies
and start a never ending story.
Love yourself today, just how I would love you
tomorrow.
And don't forget my love, it's you who hurt me!

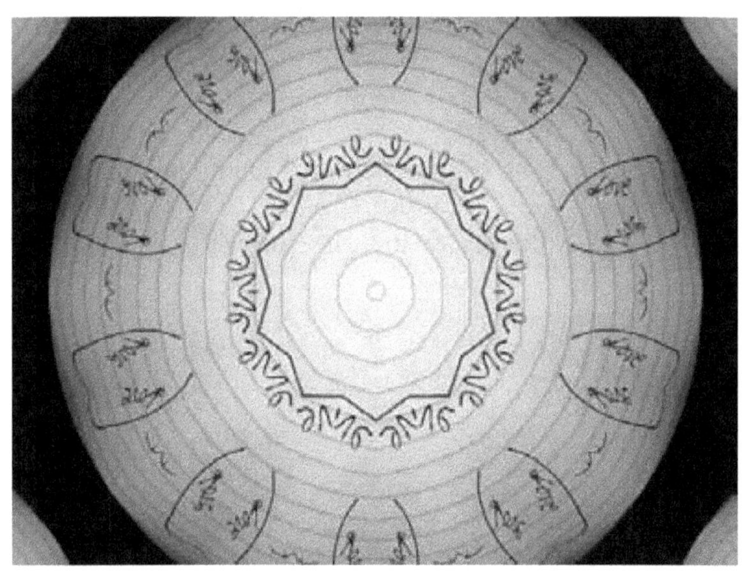

Taste

Cooking throughout life,
the love you chew your food with,
fascinates me...
I looked on all labels
of the spice jars.
I messed up and forgot
where the salt is.
I don't use sugar.
I found my happiness
in the kitchen of my life.
What a wonderful ingredient!
But what about life?

Emptiness

Tears can't be expressed as words.
Crying in the rain makes it feel
like they'll never dry out.
And it is painful,
yet beyond beautiful
to compose
such an everlasting
unspoken story.

Yesterday

I have binned
the deepest and darkest
wishes I have ever had.
You picked them up
and made them a thought
to put in your soul.

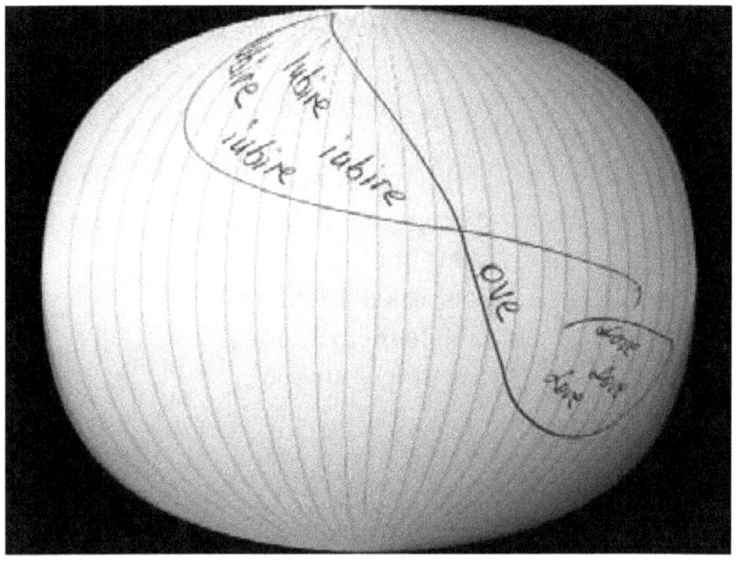

iubire
iubire
iubire
ove
dore
dore
dore

Infinity

Your touch feels like a century
but it flew by so fast...
The light falls once again
into my heart,
at hours of mystery,
during a night when
we loved each other secretly
under the apricot trees.

Mandala

It feels like hell became heaven for a day
and you made my life seem meaningless
unless I'm buried in your heart's blue sky!
Things have changed,
yet remained the same,
and if there's anything
I'd ever die to know
would be whether you've gotten lost in my eyes
as much as I used to do in yours.

Alienation

A shell came out
right of my heart
and I made it
your thought
of love.

Fortune

Your soul's a fortune
of my life
before I've even met you.
A sublime mystery
of the sweet steepness,
that's always been here,
lost in flowing rivers,
drowned in the fire of the heart.

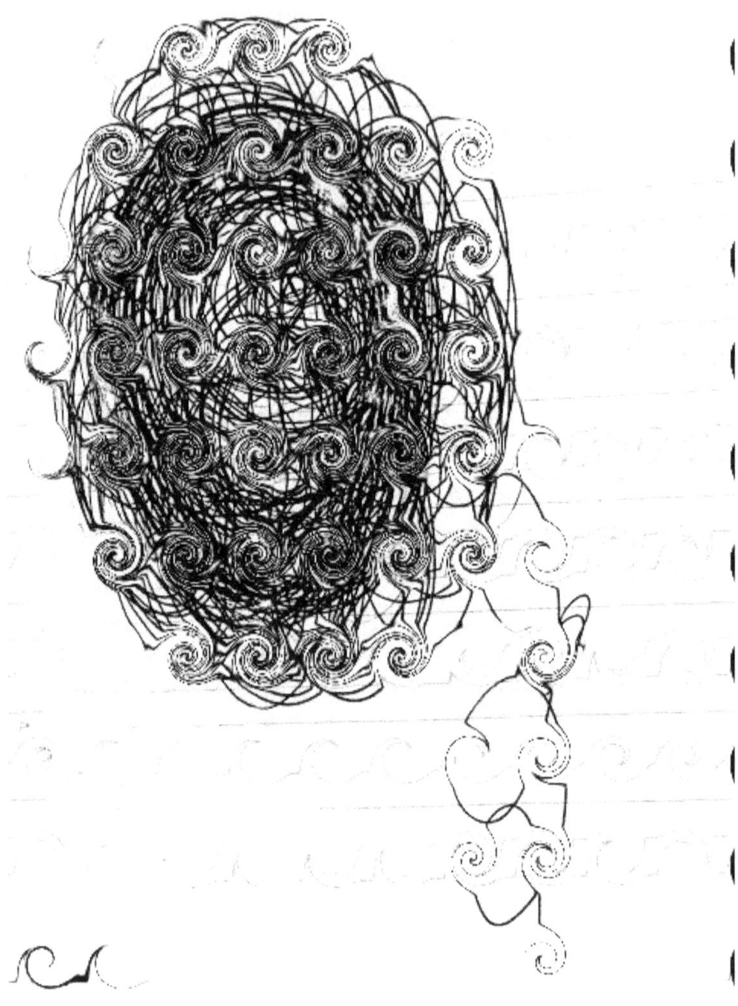

Silence

The loneliness of your scream
makes me cry.
It grows my sorrows wings
and pulls me down
into myself
with you
with our hands intertwined.

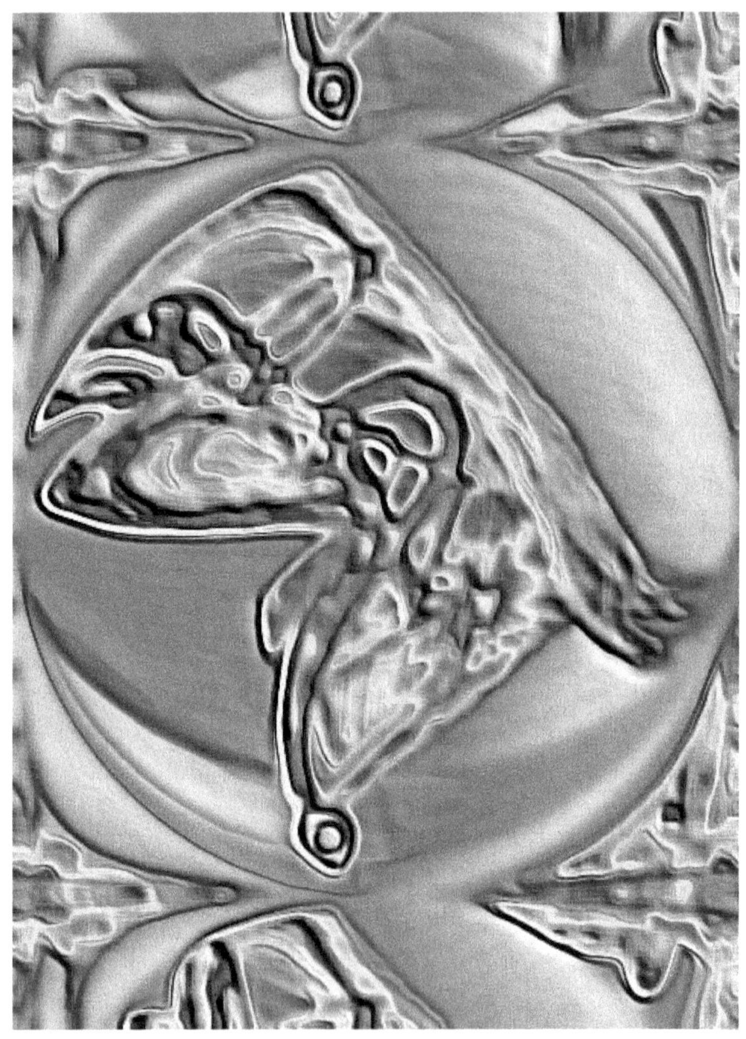

Metamorphosis

When the eyes don't speak
and the heart is silent.
You held me in your arms
and the roses blossomed
inside my soul.
The rain of your tears
watered them.
They overgrown my body
and they stang my heart.
Your cry kills me.
Save me, my love!

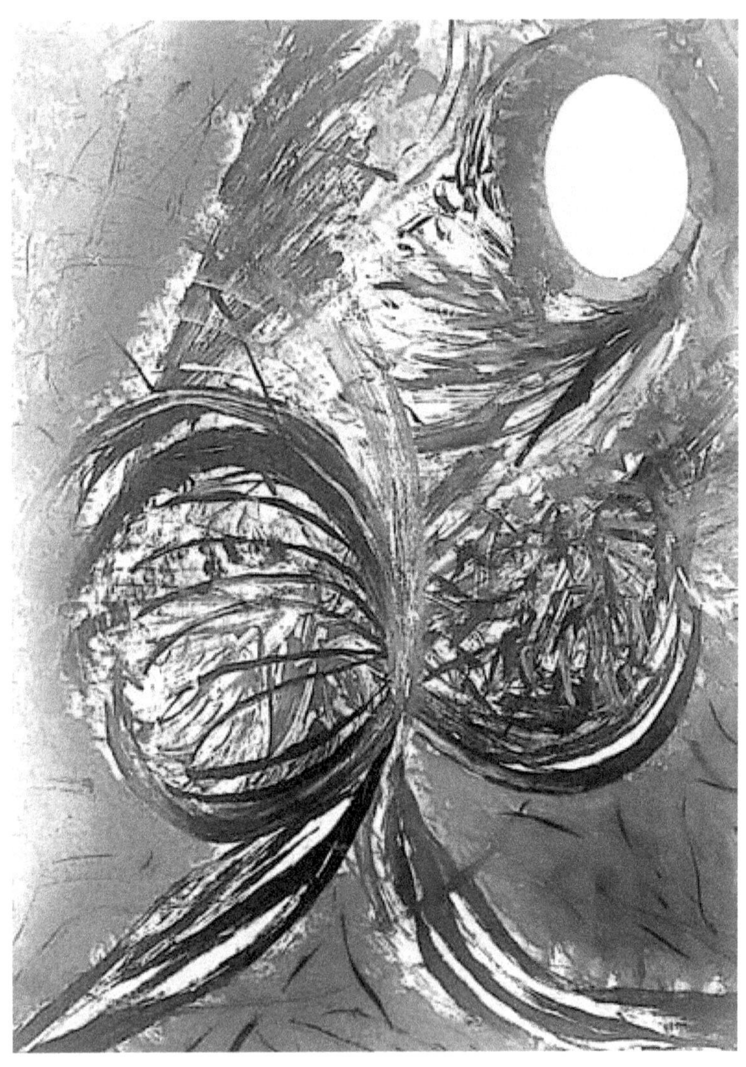

The Phoenix

Whenever you feel lost,
Just look through
the long lasting desert of your soul
and decide whether
the water is close
or the mirage is still trying
to stop you from your journey.

Multiple of 5

The cross crossed
for 5 times,
in
the holy night of Christmas.
Blood lost
for 5 times
in
25.
Only me,
dizzy,
in
5
poses,
dead
for 5 times,
in a single night.

Just
5
lives reborn
in
5x5
of December
in
the fifth
Christmas.

Mandragora

Take my blood,
to run into your veins.
I will give you my breath
to make it your sweet language.
Your tongue, such magical instrument
tortured by the evil of the night,
is licking my wounds.
Our dreams became one curse,
stolen by the witches' darkness.
I am deep within you,
falling to my death.

Sphere

When your own art becomes unfamiliar territory,
you find a new world
and you have no clue how someone is always there for
you.
I feel you against me
and that's better than any wind colliding through the
air.
Wishing to overcome fear,
desire is a fear itself.
Fearless simply represents a word and nothing
more…
We are born from love, hope,
yet die without security.

Multiverse

Love is everywhere
and in everything.
That's what you told me
when I wandered
through your soul.
We both strolled
through sea and sky,
towards ourselves.

Obsession

Slipping in the abyss of time,
I do not regret
that I'm getting old.
Your love keeps me young.
Age is just a figure
in an ocean of numbers
mixed together randomly
and then arranged by the sick mind
of a demon
who was once an angel.

Possession

Lie to me today
as you will love me tomorrow.
Ask me of how I wanted you
in the nights of clay,
before I was born.
Kiss my helplessness
of having you.

Soul

You smile,
while your reflection cries.
You laugh,
while your reflection starts screaming.
You are your reflection.
Learn to control it!

I Wish

We would rather live in a dream than experience
reality,
as we believe our imagination could never go wrong,
and that alone makes everything real…
I wish to wash off the beauty in being deeply hurt,
but I also wish to never have to watch my suffering
come closer
and melt my skin away.
I wish to set myself free from the pain,
but I also wish not to feel the torture of unlocking
myself
from rusty chains rattling my bones.
I wish to tolerate my despair,
but I also wish not to taste the sorrow engraved on
my lips.
I wish I could be different,
but I also wish I could be accepted the way I am.

I did choose to be broken,
but I also chose
to wish.

Hope

Losing most of what you had is not important,
what matters is what remained.
And that is all you need
to achieve your dreams.

Feeling

You tied summer into my hair
and the sea into my soul.
The wings of demons
laid on my shoulders.
I gave you the sky,
united with the sand…
Me.

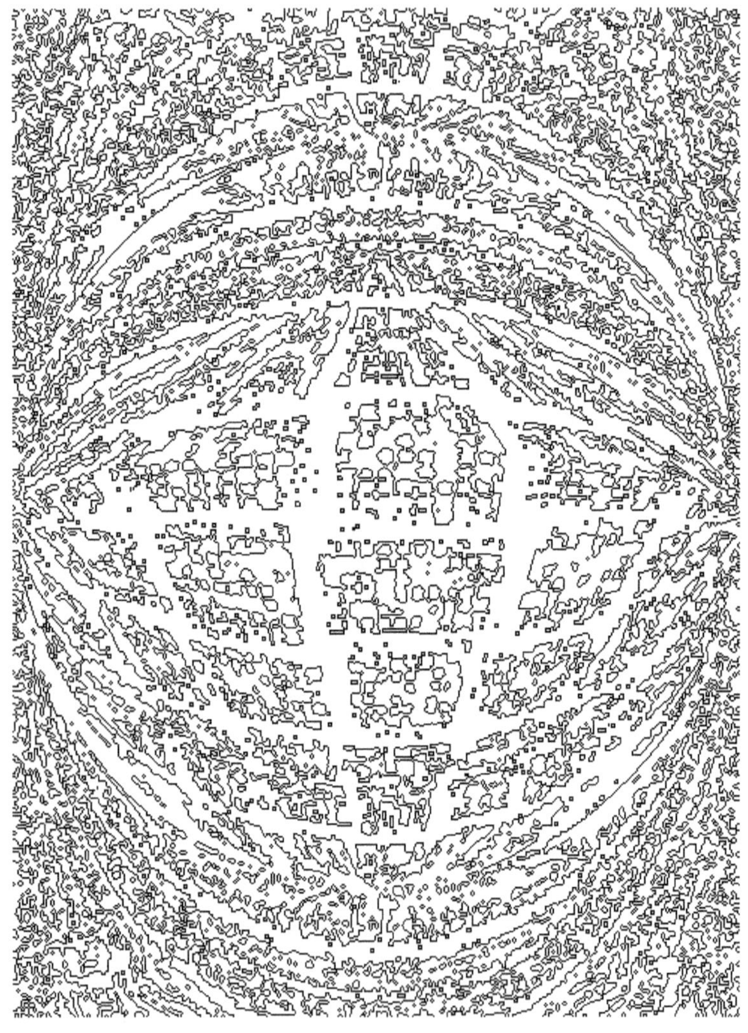

The Wall

I could sense things weren't meant to be,
as your smile grew fainter and the silence carved
deeper,
I learned that nothing lasts forever,
but pain could take an eternity to heal.
You showed me how to smile
even in the saddest places,
you showed me many things...
But you showed me
how to never forget
our story.

Triangle

I tied the watch on my wrist the wrong way around
and I did not realise.
I was trying to look at the clock`s hands, which were
running in all directions,
and I thought that time had lost it completely.
I felt crooked, like I was cross-eyed,
and my hair frizzed everywhere.
I saw people with my head down,
just as the painter had seated me,
when he projected me onto the walls of the house.
I liked it,
but I got bored too easily,
I did not have the patience for him to finish painting,
so I left.
I looked at myself in the mirror,
and I saw myself blue,
with red hair, green eyes and a purple stare.
I was captured by the spell the sea I watched from my

window had cast on me.
Sometimes she is upset with me
as she glances in the opposite direction,
she does not want to look at us at all.
I feel like she hates me.
Ah, If I could persuade you!
If only I could persuade you…
Most people don't like me,
because I am not like them.
I am not!
I am lonely, lonely with only myself,
That's why they don't like me,
because they want,
but they cannot…
I really don't care anymore,
about everything and nothing!
I look down at my watch,
and I feel the rhythm of your beating heart.
Everything is there,
the wrong way around.

Life Travellers

In Memoriam M.B.

If we, the humans, made a pact
to laugh wherever we go,
to cry when we are born,
to love ourselves as much as God would want us to,
to not be envious...
Then we,
the life travellers,
will escape the pain.

I'd like to laugh
and be able to tell you good-bye.
I know that your path leads to the light
and your dark worldliness
cannot touch your innocent soul.
But I'm crying
and I will miss you...

Dear Autumn

I'd like to thank you,
dear autumn.
For your leafs,
carpet for my ungrateful steps.
For the warm rain,
caressing of the sky
and for the fruit of love...
Now I am
because you called me
and welcomed me
in your brassy breast of life.
The 40th autumn
with taste of summer...
Thank you,
my dear autumn
and I love you!